Cursive Handwriting Workbook

ABC

abc

A is for apple

This book Belongs To :

____

- -

____

This Cursive Handwriting Workbook is Divided Into Following Parts :

Part 1: Learing the Cursive Alphabet: Trace and Practice Letters a-z and A-Z

Part 2: Writing Sentence A To Z

a

a

a

a

B

B

b

B

D

D

d

D

E

E

e

E   elephant

elephant   elephant

F

F F F F F F F F F

f f f f f f f f f

F

H

H

h

H

l

i

l

K

K

k

K

L

L

l

L

m

M

m

M

n

n

n

n

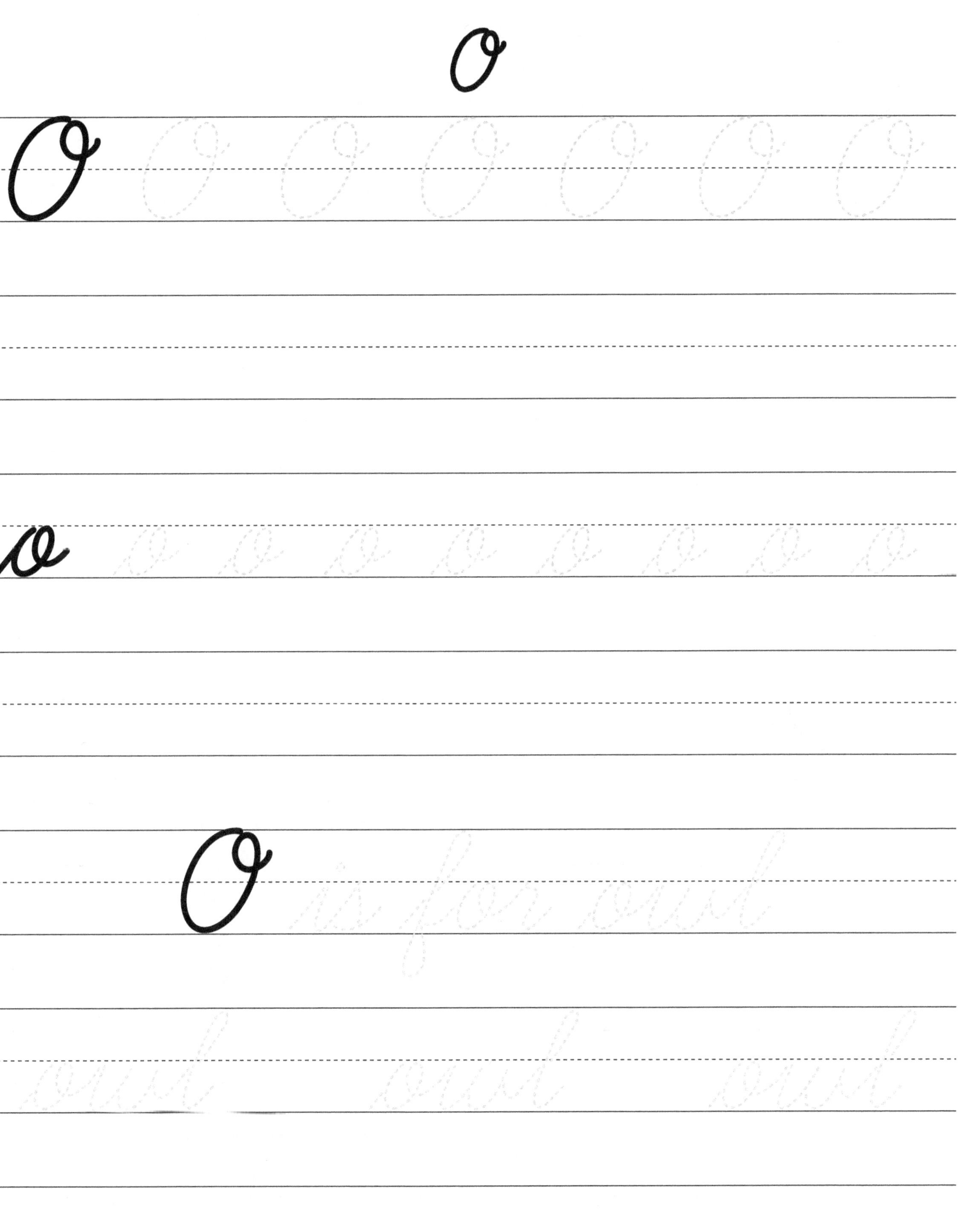

p

p

p

p

Q

Q

q

Q

R

R

r

R

S

s

S

T

T

t

T

u

U

u

U

v

V

u

V

w

w

w

w

x

x

x

x

y

Y

y

Y

Z

Z

z

z

Z

* 9 7 9 8 4 1 7 8 4 4 8 4 3 *